Safari

Carlo Mari

Safari

Vorwort von Kuki Gallmann

Aus dem Italienischen von Christel Galliani
Aus dem Englischen von Gabriela Schönberger

Frederking & Thaler

Die Deutsche Bibliothek – CIP-Einheitsaufnahme
Ein Titeldatensatz für diese Publikation ist bei
Der Deutschen Bibliothek erhältlich

www.frederking-thaler.de

Fotos : Carlo Mari, Legnano
Text: Kuki Gallmann, Nairobi (»Afrikanische Stille«: S. 13–26), Rosella Rossi und Guido Tosi, Tansania (»Bei den Elefantenforschern«: S. 100/101), Carlo Mari, Legnano (alle weiteren Texte und die Bildunterschriften)
Übersetzung aus dem Englischen: Gabriela Schönberger, München
Übersetzung aus dem Italienischen: Christel Galliani, München

Lektorat: Gudrun Honke, Bochum
Layout und Gestaltung: Barney Wan, London
Herstellung und Satz: Verlagsservice Rau, München
Reproduktion: NovaConcept Kirchner GmbH, Berlin
Druck und Bindung: Printer Trento S.r.l., Trient

Printed in Italy

ISBN 3-89405-615-0

Umwelthinweis: Das Papier wurde aus chlorfrei gebleichtem Zellstoff hergestellt und enthält keine Aufheller. Die Einschweißfolie – zum Schutz vor Verschmutzung – ist aus umweltfreundlicher und recyclingfähiger PE-Folie.

Kuki Gallmann

Afrikanische Stille

VORWORT VON KUKI GALLMANN

Da stand ich nun, der erste Mensch, der erkannte, dies ist die Welt,
der aber nicht wusste, dass er sie in ebendiesem Augenblick erst erschaffen hatte.
CARL JUNG (beim Besuch der Athi-Hochebene in Kenia, 1925)

Ich bin mit Kamelen gewandert durch gesetzloses Land, habe Halt gemacht an schlammigen Wasserlöchern voller Paviane und Antilopen. Ich bin durch unglaublich anmutende gebirgige Mondlandschaften gezogen und habe vor felsigen Abgründen verharrt.
Ich habe biblische Wüsten aus schwarzem, mit Lavablöcken übersätem Sand durchquert und habe gerastet unter nackten Dornenbäumen, um meine Blasen mit dem Saft der Blätter zu kurieren. Am Horizont schwebten, einer Fata Morgana gleich, die Silhouetten ferner Berge, und mit ihnen meine Sehnsucht nach Schatten.
Ich habe im Schein der Sturmlampe mein Tagebuch geschrieben und unter freiem Himmel auf einer Kamelmatte geschlafen, unter einem Moskitonetz, das an einem niedrigen Busch befestigt war. Ich habe meine Ohren gespitzt und auf nächtliche Geräusche gelauscht, die Gefahr bedeuten könnten.
Ich bin den Spuren von Ziegen und Rindern gefolgt, die wir nie zu Gesicht bekamen, ich habe die Fährte des Leoparden erkannt und den Atem angehalten, wenn das tiefe Grollen der Löwen an uns vorbeistrich, zu nahe, um Ruhe zu finden.
Ich habe mein Zelt an den Ufern von Seen und Ozeanen aufgeschlagen, wo rosafarbene Sandkrabben an der Zeltleinwand kratzten und Fischer im Lendentuch uns ihren Fang an Hummern brachten.
Ich habe auf Waldlichtungen geschlafen, wo das Sonnenlicht bleich durch die Kronen der hohen Bäume fiel, in denen kreischende Affen hausten.

Ich habe dunkle *dukas*[1] betreten, um Zucker zu kaufen, mich an verlassenen Brunnen gewaschen und mit hoch gewachsenen Nomaden – ihr einziger Schmuck waren Ketten aus Glasperlen – Tabak und Tee gegen die *musiaki*-Wurzel getauscht, um mir damit die Zähne zu putzen.
Ich habe zu Fuß das Land der Rendille durchquert, das Land der Boran, die für ihre Kamele leben, das Land der Turkana, die Jagd auf Krokodile machen; ich bin zu entlegenen Inseln gesegelt und habe mit den Fischern der Bajuni ein Mahl aus korallenroten, auf einem Bett aus Algen gebratenen Fischen geteilt. Ich kann endlose Geschichten über Begegnungen und Abenteuer in meinem Afrika erzählen.

Ich bin auf Safari gewesen.

Aber es sind die ersten Reisen, als alles noch neu war, an die ich mich noch immer mit einem Schauer und einem leichten Innehalten des Atems erinnere.
Beim Anblick der suggestiven Bilder dieses Fotobandes sind sie mir alle wieder eingefallen, so wie es zweifellos jedem Betrachter ergehen wird, der Ähnliches erlebt hat. Er wird die Sehnsucht spüren und aufbrechen wollen. Zurück nach Ostafrika.

Ein Landrover voller Gepäck wartet unter dem Jakarandabaum.
Auf dem Dachgepäckträger stapeln sich hoch die Campingausrüstung, Holzkisten, Leinentaschen und Kanister mit Vorräten an Trinkwasser und Benzin.
Eine Landkarte, ein Fernglas und eine Kamera liegen auf dem Armaturenbrett bereit.
Wir steigen ein, unsere Khakishorts und langärmeligen Hemden sind noch sauber und frisch gewaschen. Die Türen fallen zu, der Motor erwacht zum Leben.
Wir brechen auf. Afrika liegt offen vor uns, ein einziges Abenteuer.

Mein Herz tanzt: Wir gehen auf Safari.

Die Atmosphäre ist geschwängert von Vorfreude und verhaltenem Triumph. Man spürt, alles kann geschehen, man blickt erwartungsvoll unvorhergesehenen Begegnungen entgegen – ein Schwebezustand wie der, in den ich gerate, wenn ich weiß, dass ich bald Löwen sehen werde.

---

[1] Laden

Das Herz schlägt schneller, und wir berauschen uns an dem Wissen, am Leben zu sein, hier und jetzt in Afrika.
In Afrika, wo ursprüngliche Schönheit, archaische Gefühle und die Erkenntnis der Bedeutung eines Lebens im Hier und Jetzt uns zum größten Tribut an das Leben befähigen: dem Bewusstsein für unsere Existenz und einer tiefen Würdigung des Augenblicks.

Als wir die Stadt verlassen, bietet sich uns vom Abbruch des Grabens aus ein atemberaubender Blick über weit entfernte Vulkane, Ebenen und Seen, so weit das Auge reicht. Wir fahren hügelauf und hügelab und verlassen bald die Teerstraße.
Der Dunst hebt sich in der morgendlichen Wärme, die roten Lehmhäuser mit den Grasdächern und der unvermeidliche *duka* aus Brettern werden seltener. Wir lassen Dörfer mit ihren kleinen Märkten hinter uns, wo Stoffe und Blechtöpfe verkauft werden und Frauen Körbe auf dem Kopf balancieren, und erreichen wenige Stunden später den abgelegenen Norden, das Land der Gerenuk, der Grevy-Zebras, der Lavafelsen, der Commiphora-Dornen und des großen Sees.

Vielleicht hält uns kurz eine Reifenpanne auf – es riecht nach verbranntem Gummi, Schraubenschlüssel schlagen metallisch aneinander –, aber schon geht es weiter.
Vielleicht halten wir auch am letzten *sokoni*[2], um ein kleines Büschel Bananen und ein paar runde, harte Tomaten zu kaufen, die in fein säuberlich aufgeschichteten Pyramiden auf einem bunten Stofftuch auf dem Boden feilgeboten werden. Die Frau mit den hohen Wangenknochen lächelt, und wir erhaschen einen Blick auf ihre Zähne, weiß wie Macadamianüsse in dem erstaunlichen bernsteinfarbenen Gesicht, und ihre Armreifen klirren, als sie das Obst und Gemüse in meinen *kikapu*[3] legt.

Unsere Probleme lassen wir zurück. Wir wissen, dass sie nicht wichtig sind, und wir werden sie schwinden sehen angesichts der Weite der uns umgebenden Landschaft. Wir wissen, bereits das ist ein großes Geschenk, und wir werden geheilt werden.
Eine Zeit lang wird es keine Kommunikation mit dem Rest der Welt geben, wir werden nicht einmal auf die Uhr sehen.
Eine Zeit lang wird die Freiheit im Rhythmus der Erde, der Sonnenaufgänge und der Sonnenuntergänge unsere Tage bestimmen. Wir werden schlafen, wenn wir müde sind,

---

[2]Markt / [3]Korb

und essen, wenn wir hungrig sind; wir werden unser eigenes Essen kochen, um ein Lagerfeuer herum sitzen, uns unter einem Baum mit auf einem Feuer aus Zweigen erhitzten Wasser waschen, das zusammen mit dem Staub über unseren Körper fließen und zwischen unseren Zehen im Sand versickern wird.
Wir werden wilde, harte kleine Beeren kosten, die wir am Wegrand gepflückt haben, wir werden dünne Stoffe, die nach aromatischen Ölen riechen, um unseren Kopf wickeln und schlanken Mädchen mit Augen wie Gazellen Schmuck aus Messing abkaufen.
Wir werden mit Asche vermengte Kamelmilch aus glänzenden Kalebassen trinken und lernen, dem Honigfresser zu folgen und den Bienen den Honig zu stehlen, indem wir sie ausräuchern.
Wir werden den Fisch trocknen, den wir gefangen haben, und sein Fleisch aufschneiden wie reife Mangos, damit es wenigstens ein paar Tage unter der unbarmherzigen Sonne des Äquators überdauert.
Wir werden sehen, wie sich der östliche Himmel rosa färbt und die Morgendämmerung sich rot an fremden Horizonten erhebt.
Wir werden sehen, wie die Sonne vor einem mit dicken Pinselstrichen korallenrot und indigoblau gefärbten Himmel untergeht, vor Wolken mit goldenen Rändern, und wir werden die Laute der afrikanischen Dunkelheit wieder erkennen.
Wir werden unbelastet unseren Gedanken nachhängen und in Zelten schlafen, nur durch ein dünnes Stück Leinwand getrennt von der afrikanischen Nacht mit ihren Geräuschen und Geheimnissen.

Am Himmel werden Sterne stehen, mehr Sterne, als wir zu benennen wissen.

Wir sind auf Safari.

SAFARI ist ein aufregendes, verheißungsvolles Wort für das Kind in uns, das nie älter wird, das immer auf Entdeckungsreise gehen will in einer freien und wilden Welt – in der Natur, von der auch wir ein Teil sind, aber bei weitem nicht der wichtigste. Wir müssen uns der Schönheit dieses Gedankens bewusst werden, denn wenn wir uns als winziges Teilchen des Unendlichen verstehen, verringern sich im selben Maßstab auch unsere Sorgen, und wir wissen mit Sicherheit, dass das, was wir tun, was wir haben und wie wir aussehen, nicht wichtig ist. Dann werden wir begreifen, dass einzig und allein die Tatsache unserer Existenz zählt. Wir alle haben verschiedene Reisen vor uns.

Meine Safari ist eine der großen Lieben und der Wissbegierde, des großen Schmerzes und der Seelenerforschung. Aber letztendlich hat sie mich nach Afrika geführt und mir Erinnerungen geschenkt, denen die Zeit niemals ihren Glanz rauben kann. Und ich bin geblieben, weil ich hier mein Ziel im Leben, meinen Kreuzzug gefunden habe.

SAFARI ist die praktische Umsetzung der Sehnsucht nach einem Abenteuer, die jeder Mensch in sich trägt. Sie ist die große Flucht in eine ungezähmte Welt, in der einzig die Natur regiert.

SAFARI ist ein Wort, das in mir Erinnerungen an jene nicht enden wollenden Tage auf holprigen Pfaden wachruft. Wir durchqueren die schweigende Savanne. Nur hier und da ein Baum, an dem kunstvoll geflochtene, zarte Nester hängen; schlaksige Giraffen mit hohen Knien und großen Augen, die elegant über die *mbogani*[4] schreiten, und Elefantenherden, die leise und majestätisch wie Segelschiffe auf hoher See durch das Dickicht gleiten.

---

[4]Kleine Ebene, Lichtung

Wir erahnen das Abenteuer, das vor uns liegt, alles Neue, auf das wir stoßen werden. Wir sind offen für neue Eindrücke, offen, einzigartige Erfahrungen aufzunehmen, offen, dazuzulernen und uns mit neuen Erinnerungen für die Zukunft anzureichern.

Im Fahren nehmen wir die Weite und Schönheit Afrikas in uns auf.
Der Staub ist rot und fein und alles durchdringend. Es riecht nach Rosinen und dem Dung wilder Tiere, nach trockenem Gras, ausgefallenen Federn und lange erloschenen Holzfeuern.
Die Luft im Hochland von Kenia ist trocken, kühl und belebend, am majestätischen Horizont ziehen sich endlos blaue Berge entlang.
Am frühen Nachmittag finden wir einen Baum, der größer ist als die anderen und seine Arme spreizt wie ein Schirm, während sein Blattwerk einen kühlen Schatten aus schwarzer Spitze auf den Sand wirft.
Das Wasser in der Feldflasche ist lauwarm und schmeckt nach Segeltuch. Wir sitzen auf glatten Felsen, Fliegen umschwirren uns plötzlich wie aus dem Nichts und lassen sich auf unseren Lippen nieder auf der Suche nach Feuchtigkeit. Wir verscheuchen sie ungerührt mit trägen Handbewegungen, wie die Elenantilope mit einem Schlagen ihres Schwanzes.
Der gewürzte Tee ist stark, süß und schmeckt nach Ingwer.
Ein kurzer Augenblick der Siesta. Mein Kopf ruht auf einem flachen Stein auf meiner zusammengeknüllten Khakijacke, die jetzt schmutzig und verschwitzt ist, meine Augen blicken durch halb geschlossene Lider auf das filigrane Dach aus Blättern, von dem aus Vögel auf uns herunterschauen, neugierig und ohne Furcht.

Wenn die Luft abkühlt, brechen wir wieder auf – die Sonne geht rasch unter am Äquator –, da wir einen passenden Lagerplatz finden müssen, solange es noch hell ist.
Wir halten Ausschau nach Bäumen (die eher selten sind), nach Anzeichen von Wasser, vielleicht einer Quelle zwischen den Felsen, vielleicht einem trägen Flüsschen in einem *lugga*[5] – nach einem Ort mit Aussicht, wo wir uns sicher fühlen.
Wir packen unsere Ausrüstung aus und werfen eine Hand voll Staub in die Luft, um zu prüfen, aus welcher Richtung der Wind weht. Dann säubern wir ein Stück Erde von Dornen, Zweigen und Steinen und glätten es, soweit es uns möglich ist, mit einem dicht belaubten Ast. Wir stellen unser Zelt auf, mit dem Rücken zur vorherrschenden Windrichtung.

---

[5] Trockenes Flussbett, kleines Tal

Einer von uns macht sich auf die Suche nach Feuerholz und Zunder, mit drei Steinen markieren wir unsere Feuerstelle und stellen unsere Campingstühle darum auf. Bald kocht das Wasser im Teekessel vor sich hin, die Tassen für die erste Suppe stehen bereit, in der Hand halten wir ein Glas Punsch, unseren ersten Dämmerschoppen.

Die Nacht kommt schnell.
Wir lauschen dem kehligen Gutenachtlied unsichtbarer Frankolinhühner, und der Wind trägt in Wellen den Gesang vieler anderer Vögel heran, Millionen von Grillen zirpen, und ein Schakal ruft.

In der westlichen Welt haben die meisten vergessen, wie der Himmel aussieht. Hier ist das dunkle Firmament geschmückt mit allen erdenklichen Sternen.
Wir stehen unter diesem Sternenzelt als Teil des Ganzen. Wir erfahren die Wirklichkeit aus erster Hand, erfahren am eigenen Leib den Forscherdrang, der tief in der Seele des Menschen wurzelt. Alles unnatürliche Leben haben wir hinter uns gelassen – das Leben in Häusern, in von Menschen errichteten, von Neonlicht erleuchteten, von Klimaanlagen vergifteten Konstrukten.
Wir tauchen ein in die Natur, alle Barrieren sind verschwunden. Wir sind wieder zu Hause in diesem Hochland, wo unsere Vorfahren in Urzeiten ihre Reise begannen.

Ein Künstler ist der, dem es gelingt, seine Empfindungen auf lebendige Weise wiederzugeben, sei es durch Bilder, Skulpturen, Musik oder Dichtkunst, durch Beschreibungen oder durch Bilder, damit andere Menschen, die mit seinem Werk in Kontakt kommen, in eine andere Welt versetzt werden und dieselben Gerüche riechen, dieselben Klänge hören, dieselben Emotionen verspüren, über dieselbe Schönheit staunen und vielleicht sogar dieselben Tränen weinen wie er.

Ich habe mir die Fotografien angesehen, eine nach der anderen.
Nie hätte ich gedacht, dass es möglich wäre, jene Eindrücke von Afrika einzufangen: das Licht am frühen Morgen, die samtige Weichheit des Staubs, die Nuancen des Schattens, die schillernden Reflexe im Zwielicht, die raschen Bewegungen der Tiere durch den Busch. Aber mit diesen Fotos ist es gelungen, und das ist das Werk eines großen Künstlers.
Meine Seele kehrte zurück auf Safari, als ich die Bilder von Carlo Mari betrachtete. Sie schenkten mir das Gefühl – und sie werden es auch Ihnen schenken –, dabei gewesen zu

sein und den abgebildeten Tieren, Menschen und Landschaften gegenüber zu empfinden wie er, als er die Aufnahmen machte.
Im Geiste stand ich hinter ihm, als er kurz vor Anbruch der Dämmerung den Elefanten fotografierte, der gerade den Rüssel hob, um einen Zweig hoch oben zu erreichen. Ich sah das Impala in der Sonne auftauchen, flirrend wie eine Fata Morgana in der heißen Luft. Ich beobachtete beklommen die beiden gelben Löwen, die den Weg entlangkamen und dabei genau auf die Kamera zuhielten, im Bewusstsein unserer Gegenwart, aber ungerührt.

Einem überraschenden Anblick an einer Weggabelung gleich, tauchen beim Umblättern auf jeder Seite neue Bilder auf: ein kurzer Blick auf einen lohfarbenen Körper, die rasche

Bewegung eines braunen Fells, die Anmut eines jungen Mädchens, das Wasser auf dem Kopf trägt, und der Schwung ihres *shuka*[6] im leichten Wind, die Gischt eines Wasserfalls, ein plötzlicher, unerwarteter Ausblick, die in der Krümmung seines Stammes und seiner Äste liegende Weisheit und Erfahrung eines Baumes, der seine Geschichte erzählt.

Beim Durchblättern des Buches gleiten die Bilder an mir vorbei, als sähe ich sie durch das heruntergekurbelte Fenster unseres zerbeulten Landrovers, der uns tapfer über gottverlassene Pisten trägt.
Fast meine ich, aus unserem Zelt zu blicken in der morgendlichen Kälte, wenn wir uns im ersten Licht des Tages strecken und dehnen, mit einem Becher voll heißem Tee in der Hand, während die Asche der vergangenen Nacht noch glimmt.
Carlo Mari hat uns ohne Scheu an seiner Safari teilhaben lassen.
Eine wunderbare Safari, für die ich dankbar bin.

Nie hätte ich diese Worte zwischen vier Wänden niederschreiben können, bei elektrischem Licht und umgeben von häuslichen Geräuschen. Deshalb suchte ich einen anderen Ort auf, nicht weit weg von meinem Heim in Kuti, auf Ol Ari Nyiro, der Ranch im Hochland von Kenia, wo ich lebe – einen Ort namens Ngobithus Damm. Er ist benannt nach einem *nyapara*[7], der den Bau dieses Staudamms überwachte und Jahre später von einem Vogel Strauß getötet wurde.
Die Pokot nennen dieses Gebiet eigenartigerweise Lokwagalesh, was so viel bedeutet wie »Ort des weißen Straußes«. Vielleicht wollen sie damit an einen Albinovogel erinnern, der in der Vergangenheit hier lebte und sonst in Vergessenheit geraten wäre.
Hier habe ich mir ein Refugium eingerichtet, das auf den See und einen uralten Berg blickt. Hierher ziehe ich mich manchmal zurück, um nachzudenken und zu schreiben.
Als meine Gedanken um nichts anderes als um das Thema Safari kreisten, fiel mir plötzlich ein, dass dies der ideale Ort wäre, um mich inspirieren zu lassen.
Ich sitze im Abendlicht draußen auf einer Bank, während ich das hier schreibe. Ich sitze schon eine Weile hier und warte auf Elefanten. Die Sonne wirft schräge goldene Strahlen über die Berge im Westen; ein paar Euphorbien zeichnen sich, betenden Händen gleich, vor dem Himmel ab; die Wasservögel, die auf der roten, runden Insel nisten, gehen schlafen, und der Wind kräuselt das Wasser des Stausees.

---

[6]Schal, Umhang / [7]Chief

Und plötzlich sind sie da, breite Schatten, die bis zum Bauch ins Wasser steigen und mit gestreckten Rüsseln saufen. Bald ziehen sie ohne Hast weiter und hinterlassen uns nur die Erinnerung an ihre Eleganz.
Heute Nacht wird es Hyänen zu sehen geben, denn wir haben Vollmond. Von den Bergen und Ebenen werden ihre Rufe und Antworten in verschiedenen Tonlagen widerhallen, wenn sie, eine nach der anderen, aus ihren Höhlen kommen, die sie in der Nähe von Termitenhügeln auf den Lichtungen zwischen den Akazien gegraben haben.
Ihr Heulen kommt bereits näher, und bald tauchen verstohlen die ersten beiden buckeligen Hyänen auf und schnüffeln am Ufer entlang; ihre Augen leuchten rot in der letzten Sonne des Tages. Die Sonne geht nun unter, und die Luft ist weiß von ihrem letzten silbernen Schein. Die Baumfrösche erwachen, und Tausende von Insekten beginnen ihr begeistertes Konzert zur Begleitung des aufgehenden Mondes.
In wenigen Minuten wird es dunkel sein, und ich kann nicht weiterschreiben. Es ist Zeit, dorthin zurückzukehren, wo meine Hunde auf mich warten.

Doch für Sie, die mir bis hierher in Gedanken gefolgt sind und sich der Magie dieser Bilder hingegeben haben, wird es Zeit, Ihre Safarikleidung und Ihre Kamera zu packen und sich auf die Suche nach Ihrem eigenen Afrika zu machen. Ihre Reise in die Vergangenheit wird eine triumphale Rückkehr an den zeitlosen Ort unserer Ursprünge sein, in das Land, aus dem wir alle kommen und das uns erwartet wie eine geduldige Mutter, um unsere Schmerzen zu heilen und um uns lebendig und kraftvoll fühlen zu lassen – im Bewusstsein unseres Stolzes auf ihre Schönheit und unserer Verantwortung für ihr Überleben, das auch das unsere ist.

KUKI GALLMANN
Ol Ari Nyiro, Nordkenia
Mai 2002

SERVICE

AUFBRUCH

Immer wieder brechen wir auf zu neuen Zielen unserer Lebensreise. Die Zeit vergeht ungeheuer schnell. Wie Tage, Monate und Jahreszeiten reihen sich die Erfahrungen aneinander, die der Mensch im Laufe seines Lebens macht, wobei neue Erlebnisse alte verdrängen. Die Erinnerung an meine erste Safari vor über 20 Jahren hat sich mir aber so unauslöschlich eingeprägt, dass ich in Gedanken jederzeit wieder zu der gleichen Reise wie damals aufbrechen kann.

Immer, wenn ich nach Ostafrika zurückkomme, ist es so, als sei es das erste Mal, obwohl ich mich gleichzeitig wie zu Hause fühle. Die Gerüche, die orgiastische Fülle der Farben und Geräusche wecken in mir ein unbeschreibliches Wohlgefühl.

Ich bin in Nairobi, um Vorräte einzukaufen und den Verlauf der Safari in groben Zügen zu planen. Sicher wird auch diese Reise viele Überraschungen bereithalten – das war bis jetzt auf jeder meiner Safaris der Fall.

Ein bewährter Ort, sich mit frischen Lebensmitteln einzudecken, ist der im Zentrum gelegene Markt. Hier, wo mich jeder kennt und weiß, was ich brauche, bedrängen mich keine Bettler, die Plage aller Touristen. Viele Leute begrüßen mich, fragen, wie es mir auf meiner letzten Safari ergangen ist.

Big Mama begleitet mich, er ist mein Koch, meine Vertrauensperson und manchmal mein »Kindermädchen«. Er nimmt alle erstandenen Lebensmittel und Güter in Augenschein, bevor wir sie in unserem Landrover verstauen. Diese Vorräte sind für das Gelingen einer Safari unabdingbar, denn meist findet sich nach der Abreise – manchmal über Wochen hinaus – kaum mehr die Möglichkeit, etwas nachzukaufen. Die größte Schwierigkeit besteht darin, die richtigen Mengen – nicht zu viel, nicht zu wenig – einzukaufen, denn unser Stauraum ist äußerst beschränkt. Trotzdem ist unser Wagen hoffnungslos überladen.

Der Innenraum des Landrovers ist so unterteilt, dass rings um den Sitz Platz für die Koffer mit meiner Fotoausrüstung ist, mir aber nach links

Auf dem Markt im Zentrum von Nairobi, dem Ausgangspunkt unserer Reise, kaufen wir alle Lebensmittel, die wir auf unserer Safari brauchen. Das Angebot ist so bunt und vielfältig wie die ostafrikanische Küche, die arabische, portugiesische und indische Einflüsse aufweist.

und rechts genügend Bewegungsfreiheit bleibt. Hinter mir sitzt mein Assistent und links neben dem Fahrer Big Mama, der im Handumdrehen alle Probleme löst, die während der Reise auftauchen. Das ganze Leben im Camp würde ohne ihn nicht funktionieren: Im Verlauf eines anstrengenden Reisetags freue ich mich immer über eine unverhoffte Tasse Kaffee. Er bereitet auch das Frühstück zu, das wir noch vor Aufgang der Sonne zu uns nehmen, und kocht das warme Abendessen, das wir nach ihrem Untergang verspeisen.

Alles ist fertig verstaut, und das Wetter verspricht gut zu werden. Gleich fahren wir los …

Tagelang fahren wir über staubige Pisten, durchqueren unberührte Wälder oder fliegen über die weiten Ebenen am Fuß des Kilimandscharo (vorhergehende Doppelseiten). Täglich kommen die Waldelefanten den Berg hinab, um Nahrung aufzunehmen und zu trinken (unten). Im von tief hängenden Wolken verhüllten Akazienwald reckt ein riesiger Dickhäuter seinen Rüssel empor und zeigt dem Fotografen seine stattlichen Elfenbeinzähne – eine Begegnung von großer Intimität und starker Emotion (folgende Seite).

Tdi

Am Kraterrand des Embakai, der im Norden des Ngorongoro liegt, beobachten wir Tausende von Flamingos.
Auf ihrem jährlichen Flug in den Süden machen sie hier am Kratersee Halt, um zu trinken.

Mehrere Tage lang wandern wir mit unseren Trägern und Rangern durch die Wälder des Aberdare-Nationalparks. In der unberührten Natur klettern wir bergauf, bergab und nutzen eine kurze Rast am Fuß eines der zahlreichen Wasserfälle, um uns von unseren Anstrengungen auszuruhen. Hier in der urweltlichen Umgebung ist es leicht, die ferne Zivilisation für eine Weile zu vergessen.

Fotosafari

Ich war etwas über 16 Jahre alt, als mich mein Vater zum ersten Mal auf eine Safari nach Kenia in die Nationalparks Massai Mara und Tsavo mitnahm. Schon damals gehörte das Fotografieren zu meinen Lieblingsbeschäftigungen. Auf jener Reise wurde es zur Leidenschaft. Die Weite der ostafrikanischen Landschaft, die Tiere, die sich so majestätisch in ihr bewegen, schlugen mich in ihren Bann, und immerzu drückte ich auf den Auslöser, um die magischen Augenblicke festzuhalten.

Gern und mit einer gewissen Rührung erinnere ich mich an meine erste Nikon F2, die ich für die Safari mit einem schweren russischen 500-mm-Objektiv versehen hatte. Mit dieser bescheidenen, doch sehr soliden Optik schoss ich meine ersten Fotos wilder Tiere. Manchmal kamen sie so nah an uns heran, dass ich auf den entwickelten Bildern nicht unterscheiden konnte, zu welchem Tier einzelne Details gehörten. Neben vielen verwackelten und unscharfen Aufnahmen gelangen mir ein paar Bilder, die noch heute immer wieder veröffentlicht werden.

Fast 30 Jahre später und nach zahlreichen Safaris durch Kenia und Tansania habe ich meine Technik und Ausrüstung perfektioniert, so dass Situationen, die mich früher vor unlösbare Probleme stellten, jetzt eine Herausforderung für mich darstellen. Gleich geblieben sind der Spaß, den ich beim Fotografieren habe, und die Begeisterung, mit der ich bei der Sache bin.

Inzwischen kenne ich auch das Verhalten der wild lebenden Tiere viel genauer. Dennoch bin ich in dieser zauberhaften Welt der leidenschaftliche Bewunderer geblieben, für den allein der visuelle und emotionale Eindruck zählt, und nicht der Wissenschaftler geworden, der das Leben der Tiere untersuchen will.

Auch die Landschaft ist von unendlicher Vielfalt, im Wechsel der Jahreszeiten eröffnet sie dem Auge immer wieder andere Blicke auf die Tierwelt. So umfängt mich auf der Safari manchmal eine fast märchenhafte Atmosphäre. Nirgendwo gibt es so viele Farb- und Lichtkontraste wie in Afrika. Wenn an dunkleren Tagen die schwarzen, vom Regen schweren Wolken den Himmel bedecken, steigen dampfende Schwaden von der schwül-warmen Erde empor, und die Farben ermatten, bis plötzlich ein Lichtstrahl aufblitzt und einen kleinen Streifen jener überaus lebendigen Welt in leuchtende Helligkeit taucht. Das übt eine so starke visuelle Anziehung auf mich aus, dass ich sie im Bild festhalten muss.

Die Fotosafari ist ein mitreißendes, faszinierendes Erlebnis. Sie lässt uns in die Natur eintauchen und lehrt uns gleichzeitig, ihr großen Respekt entgegenzubringen. Und darin liegt eine erfüllende Erfahrung.

Zwei Prachtexemplare des Spitzmaulnashorns oder Schwarzen Nashorns, die ich im Ngorongoro-Krater fotografiert habe.
Nashörner, die lange Zeit erbarmungslos von Wilderern gejagt wurden, sind heute nur selten anzutreffen, und man kann sich ihnen nur schwer nähern. Deshalb ist der Fotograf meist gezwungen, sich dort, wo sie leben, tagelang auf die Lauer zu legen und auf das Glück zu offen, sie vor die Linse zu bekommen.
Mein Assistent Massimo Bagnoli und ein bewaffneter Ranger sitzen im Schatten eines großen Baumes und nehmen die Mittagsmahlzeit ein. Dabei beobachten sie eine Nashornfamilie (nebenstehende Seite).
Ein weibliches Breitmaulnashorn oder Weißes Nashorn mit seinen Jungen. Liebevoll hält die Mutter die Kleinen bei ihren Freundschaftskämpfen auseinander (folgende Doppelseite). Anschließend, aus nächster Nähe aufgenommen, eins der eindrucksvollen Spitzmaulnashörner, das auf seiner Wanderung von einem Kuhreiher begleitet wird. Kuhreiher fliegen den Nashörnern hinterher, um sich die von ihnen aufgescheuchten Insekten zu schnappen.

Am Abend kehren wir ins Camp zurück, doch nicht immer ist die Piste frei. Die Begegnung mit einem Elefanten, den unser Landrover aufgeschreckt hat, verläuft diesmal unproblematisch. Wenn sich die Tiere bedroht fühlen, was besonders bei Elefantenkühen mit Jungen schnell geschehen kann, kommt es mitunter zu lebensgefährlichen Angriffen (folgende Doppelseite).

Diese beiden Akazienstämme bilden den Eingang zu Kuki Gallmanns paradiesischem Camp. Bald senkt sich der Abend herab, und dann wird es Zeit, Vorbereitungen für die Nacht zu treffen – das Holz für das Feuer muss aufgestapelt und die Fotoausrüstung gereinigt werden, damit sie für den nächsten Tag wieder funktionstüchtig und einsatzbereit ist.

Wir haben unser Lager in den Akazienwäldern am Ufer des Uasu Nyiro Rivers aufgeschlagen. An den Wassern dieses Flusses, der sich durch den Samburu-Nationalpark im Norden Kenias schlängelt, versammeln sich abends die Elefantenherden. Wer inmitten der wilden Tiere zeltet, muss gegen alle Gefahren gewappnet sein. So dienen die Feuer, die wir im Camp und ringsherum entzünden, nicht nur dazu, uns in den kalten Nächten zu wärmen, sondern auch zu unserem Schutz.

Tanzania Photographic
Tours & Safaris

Das flackernde Feuer spendet uns hier am Kraterrand des Ngorongoro Wärme. Der Kraterrand liegt rund 2300 Meter hoch, und die Temperaturen erreichen nachts fast den Gefrierpunkt. Auf dem folgenden Bild: Abendessen in einer der komfortablen Lodges, die einen einmaligen, unvergesslichen Eindruck hinterlassen.

Leben im Camp

Wer nach anstrengenden Tagen, die er auf staubbedeckten oder schlammigen Pisten zugebracht hat, zurückkommt, hat nur noch den Wunsch nach einer ausgiebigen Dusche. Am besten natürlich mit angenehm duftender Seife und einer wohltuenden Wassermassage für den ganzen Körper, der sich nach den Misshandlungen während der Safari nach Entspannung sehnt. Auf Safari bleiben derlei Annehmlichkeiten meist ein Traum. Man kann sich glücklich schätzen, wenn es im Camp eine Trennwand gibt, hinter der man sich einseifen kann und dann von einem hilfsbereiten Massai einen Kübel kalten Wassers über den Kopf geschüttet bekommt.

Nur selten hat man das Glück, in den komfortableren Lodges zu weilen, in denen zwar die Dusche auch nicht aus mehr als einem Kübel Wasser besteht, dieses aber wenigstens zuvor angewärmt wird. Wenn es warm ist, klingelt eine Glocke zum Zeichen dafür, dass man einen Hahn öffnen kann, der sich in dem als Dusche abgetrennten Teil des Zelts befindet. Mehr als einmal passiert es jedoch, dass das Wasser zur Neige geht noch bevor die Seife vollkommen abgewaschen ist. Doch trotz dieser Widrigkeiten ist eine Übernachtung in einer Lodge während einer anstrengenden Safari ein reines Vergnügen.

Die Unbequemlichkeiten sind der Preis, den ich für die unmittelbare Begegnung mit den wilden Tieren in den frühesten Morgenstunden gern in Kauf nehme. Da sich die Tiere ständig auf Wanderschaft befinden, versteht sich, dass ich ihnen auf den Fersen bleibe und mein Camp in ihrer Nähe aufschlage, um jede Chance wahrzunehmen, eine unwiederbringliche Szene einzufangen.

Eine der größten Annehmlichkeiten des Tages ist es, wenn ich mich auf meiner Pritsche ausstrecke und beobachte, wie die Sonne untergeht, während am noch blauen Himmel die ersten Sterne funkeln. Es wird dunkel, und über mir erstrahlt der südliche Sternenhimmel. Ich suche das Kreuz des Südens und betrachte lange die Milchstraße.

Knisternd brennt das Holz, und aus dem nah gelegenen Wald schallen Tausende von Stimmen an mein Ohr. Neben Zikaden, Vögeln und Affen höre ich das Gelächter der Hyänen, die sich, vielleicht angezogen vom Duft des Essens, das auf dem Feuer kocht, an das Camp heranschleichen. Manchmal werden die Geräusche von gewaltigem Löwengebrüll oder vom dumpfen Aufprall mächtiger Astteile erstickt, die zu Boden stürzen, nachdem eine Elefantenherde an den Bäumen vorbeigezogen ist.

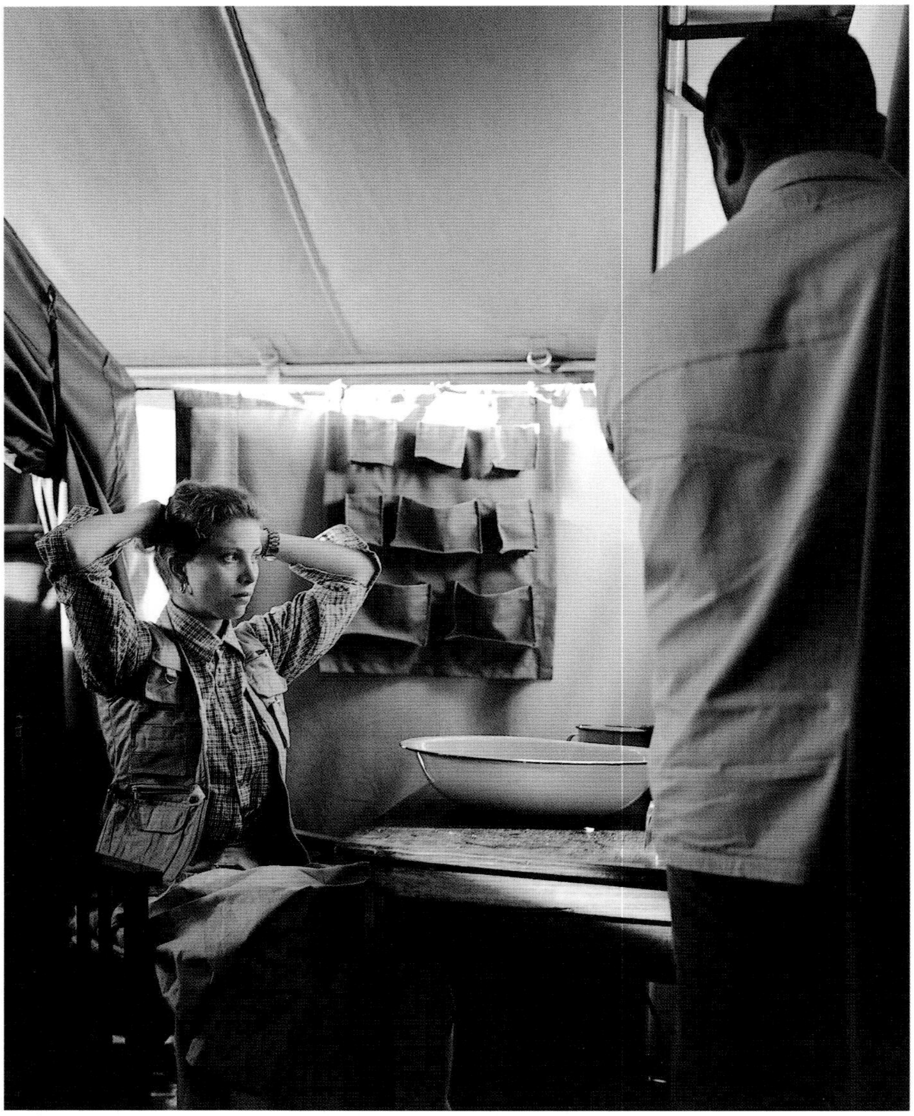

Bei Tagesanbruch klingelt der Wecker, die morgendlichen Vorbereitungen beginnen. Auf einer Safari muss man den allergrößten Wert auf die Kleidung legen: Sie sollte leicht sein, gleichzeitig aber jeden Teil des Körpers bedecken, vor allem, wenn man durch hohes Gras oder Wälder wandert. Auch die Massai, die uns begleiten, schützen sich mit ihren bunt gemusterten Decken vor unliebsamen Zwischenfällen.

Zu Fuß unterwegs: Den ganzen Tag wandern wir die Hügel hinauf und hinunter, quer durch die Savanne, in der Leoparden, Geparden und Löwen zu Hause sind – ein Abenteuer, das wir uns nicht entgehen lassen wollen. Aufgeregt hoffen wir auf eindrucksvolle Begegnungen mit den Großkatzen, und diese Spannung lässt uns sämtliche Anstrengungen vergessen.

Dramatische Begegnung

Nach einer höllischen Nacht, die kalt und regnerisch war, fuhren wir in den Krater des Ngorongoro hinab. Am Himmel ballten sich dunkle Regenwolken zusammen.

Nicht weit von einem Tümpel schlief eine Löwenfamilie mit ihren Jungen, die alle klatschnass und mit Schlamm bespritzt waren. Lange beobachtete ich sie mit einem starken Teleobjektiv, das etwas über das Seitenfenster des Landrovers hinausragte. Plötzlich trottete ein Büffel auf die Tränke zu und nahm ein Bad, ohne die hinter ihm lauernde Gefahr zu bemerken. Nach einer Weile wurden die Löwen durch die Geräusche aufmerksam, die das stattliche Tier bei seinem erfrischenden Bad machte, und zwei neugierig gewordene Weibchen erhoben sich in Angriffslaune...

Ich sah den Schnappschuss unmittelbar vor mir, auf den ich so lange gewartet hatte, als es um mich herum dunkel und ich von einem gewaltigen Schlag am Kopf getroffen wurde.

»Löwe! Löwe!«, schrie Andrea, auf der Safari mein Assistent, im richtigen Leben mein Sohn.

Entsetzt sahen wir, dass der alte Löwe mit der voluminösen Mähne auf den Landrover zugesprungen war und mit seinen mächtigen Pranken und ausgestreckten Krallen auf mein Teleobjektiv einschlug. Andrea wollte das Wagenfenster hochkurbeln, aber vergeblich, der Löwe drückte dagegen und ließ nichts unversucht, um der Kamera und mir weitere Schläge zu versetzen. Mir blieb nichts anderes übrig, als das schwere Objektiv zu ergreifen und es als Verteidigungswaffe zu benutzen.

So stand ich dem Löwen Auge in Auge gegenüber und kam seinen Furcht erregenden Krallen näher, als mir lieb war. Schauder liefen mir über den Rücken und ließen mich vor lauter Angst mit angehaltenem Atem, im Inneren des Geländewagens verbarrikadiert, verharren.

Der König der Savanne hatte uns seine Stärke demonstriert, die der unseren weit überlegen ist.

Diese und die vorhergehende Seite zeigen, wie zwei junge Löwenmännchen uns in aller Ruhe auf der Piste entgegenkommen. Vor allem in der Regenzeit, wenn das Gras sehr hoch steht, zieht auch der König der Savanne aus Bequemlichkeit die Straße vor.

Bei den Elefantenforschern

Von Rossella Rossi & Guido Tosi

Chatu Mari, so heißt unser Forschungscamp im Tarangire-Nationalpark. Das bedeutet auf Swahili »Ort der Python«, aber wir finden, dass der Name nicht so recht passt. Wenn wir abends nach Chatu Mari zurückgekehrt sind, besucht uns nämlich ein ganz anderes Tier – ein Elefant. Wir haben ihn Pierced Ear getauft, denn der ungefähr 25 Jahre alte Elefantenbulle ist an einem großen Loch im rechten Ohr leicht zu erkennen. Ob er die Verletzung einem Wilderer oder einem Kampf mit eifersüchtigen Jungbullen verdankt oder ob er nur unachtsam durch einen Dornenwald gestreift ist, werden wir wohl nie erfahren.

Elefanten bewegen sich trotz ihrer Körpermasse vollkommen lautlos. Und so bemerken wir Pierced Ear erst, wenn er schon mitten ins Lager spaziert ist und mit seinem Rüssel Zeltdächer und Radioantennen einer Inspektion unterzieht. Wunderbarerweise hat er dabei noch nie etwas beschädigt. Sein eigentliches Ziel ist aber ein Wasserbecken, das den Vögeln in der Trockenzeit als Tränke dient. Für einen Elefanten ist es viel zu klein. Gleichwohl übt es auf Pierced Ear eine magische Anziehungskraft aus. Selbst in der Regenzeit, wenn es im Tarangire-Park Wasser im Überfluss gibt, nimmt er hier eine erfrischende Dusche.

Wir sehen ihm von unserer Veranda aus vier Meter Entfernung zu – unsere Gegenwart stört ihn nicht. Einmal haben wir dem für Forscher typischen, manchmal gefährlichen Hang zum Experiment nachgegeben und uns vor das Wasserbecken gestellt. Wir wollten herausfinden, ob Pierced Ear weiß, dass er sich auf unserem Territorium aufhält und er bei uns das Gastrecht genießt. Kaum erblickte er uns, flatterte er mit den Ohren, ging in Angriffsstellung und trampelte alle Büsche nieder, die wir mit viel Liebe rund um die Veranda gepflanzt hatten. Die Botschaft war klar: Chatu Mari mag unser Camp sein, aber das Wasserbecken ist sein Terrain!

Unsere Safari in den Tarangire-Nationalpark hat 1995 begonnen. Chatu Mari dient der TANAPA (Tanzania National Parks), dem Oikos-Institut und der Universität Insubria in Italien als Operationsbasis für verschiedene Naturschutzprojekte. Diese sind ins Leben gerufen worden, um das Ökosystem von Nordtansania zu bewahren. Zu der Region gehören außer dem Tarangire- auch der Lake-Manyara- und der Arusha-Nationalpark. Hier leben Zehntausende großer Wildtiere und vor allem 2000 Elefanten. Ihr Überleben ist gefährdet, weil die Elefanten auf ihren jahreszeitlichen Wanderungen oft die Grenzen der Schutzgebiete überschreiten, besiedelte Gebiete durchqueren und dort Schäden anrichten. Über das Wanderungsverhalten der Wildtiere in Nordtansania ist bislang wenig bekannt. Wir wollen daher herausfinden, welche Routen die großen Herden – Zebras, Büffel, Gnus und Elefanten – wie und wann benutzen.

Wie in allen Nationalparks werden die Tiere vom Flugzeug aus beobachtet und gezählt. Um mehr über die Elefanten zu erfahren, setzen wir aber auch das globale Positionierungssystem (GPS) ein. Dazu werden die Elefantenkühe mit einem satellitengestützten Sensor ausgerüstet, mit dem wir jederzeit ihren Standort und den Weg bestimmen können, den sie zurückgelegt haben.

Um eine Elefantenkuh mit dem GPS-Sensor zu versehen, muss sie mit einem Schuss betäubt werden. Dann legen wir ihr einen Halsriemen um, an dem der GPS-Sender und eine Batterie befestigt sind. Auf einem Empfänger, der an Bord eines Flugzeugs oder eines Autos installiert ist und der mit einem Satelliten in Verbindung steht, können wir nun feststellen, wohin die Elefantenkuh mit ihrer Herde gewandert ist und wo sie sich aufhält. So haben wir über zwei Jahre lang sieben Elefantenkühe und ihre Herden bei ihren Wanderungen innerhalb und außerhalb des Tarangire-Parks verfolgt.

GPS ist eine relativ neue Technik und wird erst seit einigen Jahren zur Beobachtung von Wildtieren eingesetzt. Dank GPS haben wir Forscher binnen kurzer Zeit viele neue Erkenntnisse gewonnen. Da wir nun genau darüber informiert sind, wo sich die Elefanten aufhalten, können wir die Tiere auch besser vor Wilderern schützen.

Wissenschaftler und Studenten aus Italien und der Schweiz verfolgen über Funk die Wanderbewegungen von Elefanten im Tarangire-Nationalpark. Dank der neuen technischen Möglichkeiten können die wilden Tiere Afrikas heute wirksamer als früher vor der Ausrottung bewahrt werden.

TZH 2873

Auf einer Safari ist die Begegnung mit Elefanten immer ein Augenblick höchster Magie. Ihre majestätische Größe beeindruckt immer wieder, ihr Anblick fasziniert, und ihr ausgeprägtes, zuweilen an den Menschen erinnerndes Sozialverhalten berührt uns im Innersten.

Aufgrund seiner rund 40 000 Muskeln und deren ausgeklügelter Steuerung durch das Nervensystem ist der Rüssel ein ungewöhnlich vielseitiges Organ. Es dient zum Tasten, Greifen, Riechen, Schmecken, Trinken, Grüßen, Liebkosen, Drohen, Wasserversprühen sowie zum Lautebilden und -verstärken. Der Elefant gebraucht seinen Rüssel auch, um Schlamm aufzusaugen (vorgehende Seiten) und so seine Haut vor Hitze und Parasiten zu schützen.

Afrika von oben

Seit etwa vier Stunden überfliegen Mark und ich in einer sechssitzigen Cessna, die für Luftaufnahmen ausgestattet ist, ein Gebiet in Tansania, in dem zahlreiche Seen und Vulkankrater liegen. Wir befinden uns in der Nähe des Natronsees und sind auf der Suche nach Abertausenden von Flamingos, die hier üblicherweise anzutreffen sind. Es ist ein unwegsames Gelände, das anderen Lebensformen feindselig gegenübersteht. Wir überfliegen den See in alle Richtungen, ohne die Flamingos zu erblicken, doch der in eine grandiose Landschaft eingebettete See und die ständig wechselnden Farben an seiner Oberfläche sind ein wunderbarer Anblick. Was sich da vor meinen Augen abspielt, ist unvergleichlich schön, so dass ich darüber völlig vergesse, dass ich mich auf dem Rücksitz eines winzigen Flugzeugs in 1500 m Höhe in einer höchst unsicheren Lage befinde. Nur wenn ich durch den Sucher meiner Kamera blicke, kann ich meine Ängste und das Gefühl der Leere kontrollieren, die mich überfallen, sobald ich mich nicht mehr auf das Fotografieren konzentriere. Wir fliegen auf den Ngorongoro-Krater zu, wobei sich das Flugzeug alles andere als stabil erweist. Wegen des Winds und der vielen Luftlöcher ist der Pilot ständig zu Kursänderungen gezwungen. Nur so kann er das Flugzeug sicher durch die dichten Nebelschwaden über dem riesigen Vulkan leiten. Und ich denke wie schon so oft ernsthaft darüber nach, ob ich nicht besser den Beruf wechseln sollte, sobald meine Füße wieder den Boden berühren.

Doch als wir über den Krater fliegen, bietet sich uns ein großartiges Schauspiel, für das sich sämtliche Anstrengungen gelohnt haben. Ich denke, dass mir einige fantastische, mitreißende Aufnahmen von den großen Elefantenherden gelungen sind, in Farbkompositionen, die fast abstrakt wirken. Und ich wünsche allen Menschen, die hierher kommen, solche bewegenden, intensiven Erlebnisse. So werden sie wie ich den Zauber und die Geheimnisse des Ngorongoro-Kraters entdecken und unvergessliche Eindrücke von der Safari mit nach Hause nehmen.

Unser Flugzeug landet am Rand des Kraters auf einer schmalen Graspiste. Als wir mit beiden Beinen wieder auf der Erde stehen, rufen wir uns das Gesehene in Erinnerung. Der Pilot serviert uns auf der Tragfläche seiner kleinen Cessna eine Tasse heißen Kaffees.
Doch kurz darauf wartet schon unser Landrover auf uns. Auf der nächsten Etappe machen wir uns auf den langen Weg durch die Bergnebelwälder, die sich entlang der Vulkane ziehen, hin zum Rand des Rift Valleys. Dort eröffnet sich uns ein unermesslich weiter Blick über die ostafrikanische Savanne.

In den Savannen und Wäldern Afrikas gibt es Hunderte von Vogelarten, wobei wohl die beeindruckendsten die großen Raubvögel sind. Lassen sich Adler (vorhergehende Doppelseite, links) und Bussarde (diese Seite) für ungeübte Betrachter nur schwer auseinander halten, gilt das in keinem Fall für den Gaukler (folgende Seite). Sein Gefieder weist eine auffällige Farbgebung auf.

In der offenen Savanne ist immer die Gefahr eines Angriffs durch große Raubtiere gegeben, die die Tiere durch umsichtiges Verhalten abzuwenden suchen. Der Mensch sollte ihr Verhalten zum Vorbild nehmen und ein Gelände aus der Höhe des langen, periskopähnlichen Halses der Strauße beobachten oder sich wie die Gnus nur in Gruppen fortbewegen (folgende Seiten).

Stark, angriffslustig und in der Herde geschützt, stellt der Büffel auch für die größten Raubtiere in der Savanne einen ernst zu nehmenden Gegner dar. Nur ein kleiner Vogel, der Madenhacker, darf sich ihm nähern, um ihn von seinen Hautparasiten zu befreien. Der aufbrausende Pavian muss widerwillig das Feld räumen …

Durch ihre unterschiedliche Körpergröße und Ernährungsgewohnheiten nutzen die zahlreichen Arten afrikanischer Pflanzenfresser die Vegetation der Savanne auf sehr spezifische Weise. Dieses ökologische Prinzip erklärt die außerordentlich hohe Dichte der Tierpopulation, die den Betrachter immer wieder fasziniert.

Geräusche der Nacht

Unablässig prasselt der Regen auf das klatschnasse Dach meines kleinen Zeltes, das ich an einem malerischen Ort am Rande des Ngorongoro-Kraters aufgestellt habe. Es ist schon spät. Anscheinend sind Regen und Wind nicht geneigt aufzuhören, auf die afrikanische Nacht einzupeitschen. Trotzdem empfinde ich unter meiner dünnen Hülle ein Gefühl von Wärme und Sicherheit. Die zarten Gesänge des Waldes, die sonst meinen Schlaf begleiten, werden vom Grollen des Donners und Prasseln des Wassers erstickt, während der Wind über die dichte Vegetation hinwegfegt und sich die Äste seinem Wüten beugen.
Doch hier ist alles einem raschen Wechsel unterworfen. Als die Morgenröte anbricht, ist wieder Ruhe eingekehrt. Big Mama hat schon das Feuer angezündet, und noch vor Sonnenaufgang ist das Frühstück fertig. Dies ist vielleicht der stimmungsvollste Augenblick eines jeden Safaritags: Ich trinke eine Tasse heißen Kaffees und esse Schinken und Eier, die Sonne geht auf und setzt den Himmel, den die letzten Regenwolken noch verdunkeln, in lodernde Flammen. Ein so erhebender Anblick scheint mir ein gutes Vorzeichen für das bevorstehende Abenteuer zu sein. Das Schauspiel wiederholt sich Morgen für Morgen, ganz wie ein Ritus, und in seiner unvergesslichen Erfahrung ist es für mich ein Moment des Zusammenfindens, aber auch der Konfrontation.
Unsere Geländewagen sind beladen und stehen zur Abfahrt bereit. Heute fahren wir in den Krater hinein. In den Akazienwäldern wollen wir Elefanten mit außergewöhnlich langen Stoßzähnen beobachten, die dort in stattlicher Anzahl leben. Dicht in die noch immer tief hängenden Wolken gehüllt, erinnern der Wald und die frühmorgendliche Atmosphäre an die Jurazeit – oder an den Film »Jurassic Park«.
Wir freuen uns auf den Tag mit den Elefanten. Im Ngorongoro-Krater ist eine ungewöhnlich große Zahl von Elefantenbullen anzutreffen, die außerhalb der Herde leben. Ich hoffe daher, dass ich ein Kampfspiel zwischen den jüngeren Bullen vor die Linse bekomme. Die meiste Zeit verbringen die Elefanten allerdings mit der Nahrungsaufnahme, selbst

des Nachts suchen sie Futter. Sie schlafen wenig, manchmal im Stehen, gestützt auf ihre langen Stoßzähne; manchmal legen sie sich nieder. Was uns betrifft, so kehren wir nach Sonnenuntergang ins Camp zurück, wo uns das Feuer einen weiteren magischen Abend lang wärmen wird.

Carlo Mari und Tati von Oliver's Camp in Tansania beobachten die an ihnen vorbeiziehenden Tiere. Diese komfortable, in die Natur eingebettete Lodge bildet den Ausgangspunkt für viele Safaris. Die zahlreichen dort lebenden Raubtiere machen es allerdings erforderlich, sich immer, vor allem in der Abenddämmerung, von einer bewaffneten Eskorte begleiten zu lassen (auf den folgenden Seiten zwei Ansichten der Lodge).

Fotoausrüstung

Für das Gelingen einer Fotosafari ist eine gute Ausrüstung unabdingbar, auch wenn sie nicht kompliziert oder kostspielig sein muss. Alles im richtigen Moment parat zu haben ist wichtiger, als das stärkste Objektiv zu besitzen. Schließlich ist selbst die teuerste Kamera nutzlos, wenn man nicht rechtzeitig einen neuen Film eingelegt hat. In Wald und Savanne kann es jederzeit passieren, dass die Tiere dem Fotografen ganz nahe kommen, doch sind solche Gelegenheiten meist so kurz, dass – falls man nicht alles schon im Voraus kalkuliert hat – nicht einmal Zeit bleibt, das Bild scharf zu stellen. Deswegen muss man ständig bereit sein, das einzigartige, außergewöhnliche Bild aufzunehmen.

Ich empfinde bei der Verwendung eines starken Teleobjektivs wahrscheinlich ein ähnlich faszinierendes Gefühl wie ein Jäger, wenn er sein Gewehr anlegt. Anlegen, zielen, den Ausschnitt wählen, abdrücken und dabei genau wissen, dass ich einen Treffer gelandet habe: Das gibt mir ein Gefühl der Stärke, das ich im Gegensatz zum Jäger innerhalb weniger Augenblicke neu erfahren kann. Dann schlägt mein Herz immer wie wild, doch ich weiß, ich muss einen kühlen Kopf bewahren und in Ruhe abwarten, bis das Tier in meine »Schussweite« gelangt oder genau das vollbringt, was es sich zu tun anschickte.

Die Leidenschaft für das Fotografieren ist eng mit der Leidenschaft für die Ausrüstung verbunden. Diese muss auf der Safari ständig gepflegt und gewartet werden. Am wichtigsten ist die tägliche Reinigung, denn am Ende eines jeden Tags, den man auf staubigen Pisten im Geländewagen verbracht hat, ist der Staub überall eingedrungen, und es besteht die Gefahr, dass der Kameraverschluss blockiert. Daher muss die Ausrüstung in staubdichten Metallkoffern aufbewahrt werden, die so gepolstert sind, dass sie die Kameras auf den holperigen, unwegsamen Pisten vor Stößen schützen. Der Fotograf sollte immer mehrere Kameras mit eingelegten Filmen bereit halten, auf die verschiedene Objektive aufgesetzt sind, so dass er eine Szene aus unterschiedlichen Perspektiven aufnehmen kann. Ein dünnes Kissen oder eine Decke, auf das herun-

tergekurbelte Fenster oder das Verdeck des Geländewagens gelegt, dienen als bequeme Stütze für ein langes, schweres Objektiv. So hat man eine Alternative zum Stativ, das den Fotografen bei raschen Bewegungen zu sehr einschränkt. Auf ebenem Boden ist dagegen das einbeinige Stativ zu empfehlen.

Vor allem anderen benötigt der Fotograf Geduld, um den magischen Moment zu erkennen und in Ruhe abzuwarten. Dann gibt es nur noch eins: auslösen, immer wieder auslösen, selbst wenn man nicht weiß, ob alles in Ordnung ist. Aber der Augenblick darf nicht entfliehen!

In der Savanne steht das Leben niemals still, und ständig sind die Raubtiere auf der Jagd. Plötzlich taucht aus dem hohen Gras ein Leopard auf, den der überraschte Fotograf aufnehmen muss, auch wenn er nicht mehr die Zeit hatte, das Objektiv scharf zu stellen (siehe vorhergehende Seiten). Der Gepard erbeutet kleinere Tiere wie etwa ein Gnu, eine Gazelle oder, wie in diesem Fall, eine Antilope.

Die Raubtiere vertreiben die Pflanzenfresser, während die miteinander streitenden Hyänen und Geier dafür sorgen, dass von den übrig gebliebenen Tiergerippen selbst die allerletzten Fleischreste abgenagt werden – auch wenn das so nicht immer der Fall ist! Denn manchmal jagen die Aasfresser die Raubtiere in die Flucht und stürzen sich als Erste auf das erbeutete Tier.

Entlang des Mara-Flusses lauert immer Gefahr. Ganze Krokodilfamilien warten auf die riesigen Gnu- und Zebraherden, die hier auf das andere Ufer überwechseln. Auf ihrer alljährlichen Wanderung über die Hochebenen der Serengeti folgen sie den Regenfällen, die in der Ferne grüne Weiden verheißen. Doch viele von ihnen überleben die Durchquerung des Flusses nicht.

Nach den Angriffen durch die Krokodile lauern Raubkatzen in der Savanne, und so müssen die Gnus stets neue Gefahren überstehen (folgende Seiten).

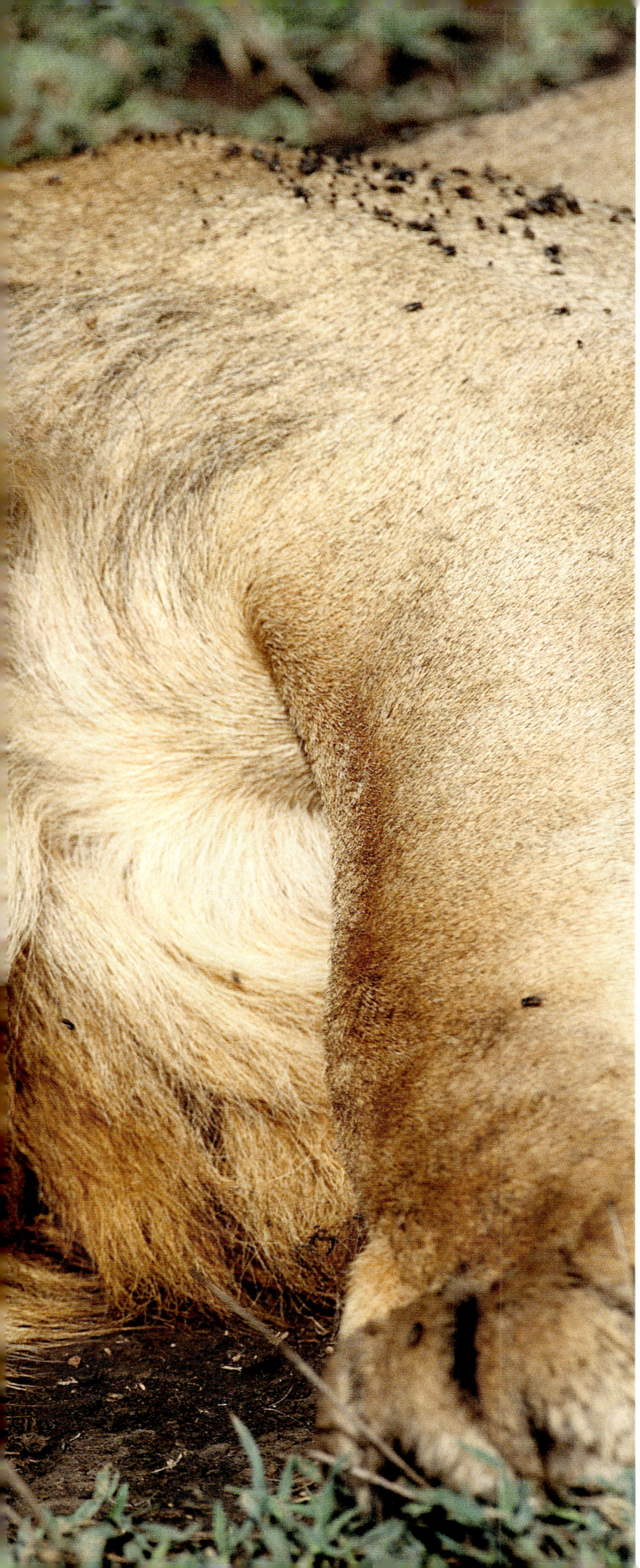

HANDLE
WITH CARE

Abschied ...

Reisetagebuch, letzter Tag:

»... viele lange Tage, eins mit der Natur ...

Ich schließe meine Augen, und alles ist wieder da: die Angst in den ersten Nächten, das Zelt, das harte Bett, die Müdigkeit, eine Hyäne, die uns beschnüffelt, der Staub, das dumpfe Trampeln einer durchziehenden Herde, das Zirpen der Zikaden bei Nacht, ein Mahl im Dunkeln. Mehr noch: der Fluss, das Feuer, die Masai, die Tänze, der Sonnenuntergang; Hitze und Kälte, die Nähe der Krokodile, das Geräusch der Elefanten im Wald und immer wieder Gnus, die rennen, springen, den Fluss durchqueren, sterben. Die Vögel, die Geier, die Zebras und Giraffen. Die Nacht und die unendlich vielen Sterne.

Ich liege im Gras vor meinem Zelt, müde, staubig. In all dieser Zeit habe ich den Frieden über uns nicht wahrgenommen. Es ist schön, wirklich schön. Diese gegensätzlichen Gefühle, Furcht, Müdigkeit, Leben, Tod, und dann dieser Frieden, fantastisch ... Il mal d'Africa – Ich habe mein Herz an Afrika verloren.«

... und Dank

Hinter der Person des Autors verbirgt sich die Arbeit vieler Menschen, die mit ihrem Engagement zum Gelingen dieses Buches beigetragen haben. Im Besonderen danke ich:

John Mwangi, genannt Big Mama, der mich seit vielen Jahren auf meinen Safaris begleitet; Sonia Sharma von Tanzania Tours and Safaris für die Geländewagen, die wir in Tansania fuhren, und für die Gastfreundschaft, mit der sie uns in der Kikoti Camp Lodge beherbergt hat; Paul und Tati von Oliver's Camp für die gastliche Aufnahme im Tarangire-Nationalpark; dem gesamten Mitarbeiterstab der Ol-Ari-Nyiro-Ranch, Kuki Gallmanns wundervoller Lodge, wo ich die Atmosphäre ihrer Romane atmete; Nick von Dallago Tours in Nairobi für die Geländewagen in Kenia; allen Fahrern und Rangern, die mich in den Nationalparks in Kenia und in Tansania begleitet haben; Aqua Bonsu (Kenias Miss Tourismus) mit Paolo und Elena, die auf einem Teil dieser Safari dabei waren; Chetan Haria von Colpro Limited in Nairobi für die Safarikleidung; Ramesh J. Peshavaria von Commuter Air für die Fotoflüge; Raffaele Nacarlo vom Hotel Mezza Luna in Arusha für seine Freundlichkeit und – ganz besonders – Kuki Gallmann, weil sie von Anfang an an mich geglaubt hat, sowie Frau Dr. Rossella Rossi und Herrn Dr. Guido Tosi für ihre Unterstützung und wertvollen Hinweise.